ARRESTS
DU PARLEMENT
DE TOULOUSE.

ARREST
DU PARLEMENT
DE TOULOUSE,

Qui maintient les Officiers de l'Amirauté au Siége de MONTPELLIER *&* CETTE, *au droit d'avoir Rang & Séance en toutes assemblées publiques & particulieres, avant les Officiers de la Justice de M. l'Evêque d'Agde à* CETTE, *& avant les Maire & Consuls de la Ville.*

Du 29. Avril 1738.

LOUIS PAR LA GRACE DE DIEU ROY de France & de Navarre, au premier notre Huissier ou Sergent sur ce requis, comme sur le plaidoier judiciellement fait en notre Cour de Parlement de Toulouse le 21. Avril 1738. en l'Instance y pendante entre Mᵉ. François Pouget notre Conseiller & Lieutenant-

A

General en notre Amirauté au Siége de MONTPELLIER
& CETTE demandeur, en la cause renvoyée en Jugement par Arrêt du 6. Mai 1704. & impetrant Lettres
des 29. Avril 1719. & 17. Juillet 1723. pour être reçu
à faire assigner en notredite Cour les Officiers Bannerets de la Justice de CETTE, & les Consuls dudit CETTE,
pour voir maintenir l'Impetrant au droit d'avoir Rang
& Séance tant à l'Eglise qu'ailleurs, en toutes Assemblées & Cérémonies publiques & particulieres avant lesdits Officiers & Consuls, conformément à l'Ordon-
nance & à l'Edit du mois de Mai 1711. ce faisant, voir
ordonner que le Banc de l'Impetrant sera placé dans
l'Eglise Paroissiale dudit CETTE au côté droit de la Nef
près les dégrés par où l'on monte au Chœur, préfera-
blement & avant celui desdits Officiers & Consuls,
auquel effet ils seront tenus d'en ceder la place à l'Impetrant, & de retirer le Banc qu'ils y ont placé ; autrement qu'il lui sera permis de le faire ôter, sauf aux Officiers & Consuls de le placer au dessous de celui de l'Impetrant, avec défense de lui donner aucun trouble ni
empêchement en la joüissance des Droits de préseance,
à peine de mille livres, & de contraventions enquis
avec dépens d'une part, & les Officiers Bannerets assignés défendeurs, & lesdits Consuls aussi assignés défaillants d'autre ; & entre Mᵉ. André-François Pouget, fils
dudit Mᵉ. François Pouget, aussi notre Conseiller, Lieu-
tenant-General de l'Amirauté, Civil & Criminel au Siége de MONTPELLIER & CETTE, tant en son nom &
en ladite qualité, qu'au nom des autres Officiers du Siége, Démandeur par Exploits des 21. & 24. Novembre
1736. faits en consequence de l'Arrêt du Conseil d'Etat

du Roi du 17. Septembre précedent , par lesquels ont été assignés en notredite Cour les Maire & Consuls dudit CETTE , & Messire Claude-Loüis de la Chastre , Evêque & Comte d'Agde , Seigneur Foncier , Haut Justicier de la Ville de CETTE , prenant la Cause pour ses Officiers dudit CETTE , pour y proceder sur le renvoy ordonné par ledit Arrêt du Conseil ; ce faisant voir maintenir ledit Mᵉ. Pouget en la qualité que procede , & les autres Officiers du Siége de l'Amirauté , au droit d'avoir Rang & Séance dans ladite Ville de CETTE en toutes Assemblées & Cérémonies publiques ; autres toutefois que celles concernant la Police & les affaires du Corps de Ville avant les Officiers Bannerets de la Justice ordinaire dudit Seigneur Evêque d'Agde à CETTE, & avant les Maire & Consuls audit CETTE , la Communauté ayant acheté la Mairie ; & en consequence ordonner que le Banc des Officiers de l'Amirauté sera remis à l'endroit le plus honorable de la Nef de l'Eglise Paroissiale , d'où il a été tiré de voye de fait , c'est-à-dire, au côté droit près des dégrés par où l'on monte au Chœur , & que lesdits Officiers Bannerets & municipaux seront tenus de ceder & rendre la place auxdits Officiers de l'Amirauté ; autrement voir permettre à ceux-ci de faire ôter le Banc desdits Juge , Maire & Consuls , sauf à eux à le mettre au dessous & dans une place inférieure , à peine de trois mille livres d'amende ; & ledit Seigneur Evêque prenant le fait & cause de ses Officiers , se voir condamner aux dommages soufferts par les Officiers de l'Amirauté , à cause de ses induës poursuittes au Conseil d'Etat Privé du Roi , avec dépens d'une part , & ledit Seigneur Evêque assig-

A ij

né défendeur ; & lefdits Maire & Confuls auffi affignés défaillans d'autre ; & entre ledit Me. Pouget fuppliant par Requêtes, joint à la claufion du 28. Mars 1737. à ce qu'il plaife à la Cour, en lui adjugeant les fins de fes exploits, & difant droit fur l'utilité du défaut levé contre lefdits Maire & Confuls de CETTE, le maintenir en la qualité que procede enfemble les autres Officiers du Siége de l'Amirauté de CETTE, au droit d'avoir Rang & Séance dans la Ville de CETTE, dans toutes les Affemblées & Cérémonies publiques & particulieres, autres toutefois que celles concernant la Police & les affaires du Corps de Ville, avant les Officiers Bannerets de la Juftice ordinaire de M. l'Evêque d'Agde à CETTE, & avant les Maire & Confuls de ladite Ville de CETTE, la Communauté ayant acheté la Mairie ; & en confequence ordonner que le Banc des Officiers de l'Amirauté fera remis & placé à l'endroit le plus honorable de la Nef de l'Eglife Paroiffiale de CETTE, d'où il a été tiré de voye de fait, c'eft-à-dire au côté droit près des dégrés par où l'on monte au Chœur, & que les Officiers Bannerets & municipaux feront tenus de ceder ladite place auxdits Officiers de l'Amirauté : ce faifant, qu'ils feront ôter, huitaine après la fignification de l'Arrêt qui interviendra, leur Banc de ladite place où il fe trouve actuellement, faute de quoy il fera permis au Suppliant & autres Officiers de l'Amirauté, de faire ôter ledit Banc defdits Juge, Maire & Confuls, de ladite Place à leurs fraix & dépens, & d'y faire placer celui defdits Officiers de l'Amirauté, fauf auxdits Juge, Maire & Confuls de mettre & placer leur Banc au deffous & dans une place inferieure, avec défenfe tant à M. l'Evêque d'Agde, qu'à fefdits Juge, Maire & Confuls, de troubler les Officiers de l'Amirauté en leurs droits, Rang, Séance & Prérogatives, à peine de trois mille livres d'amende & d'enquis : comme auffi condamner M^e. l'Evêque d'Agde, prenant la caufe de fes Officiers, aux dommages foufferts par les Officiers de l'Amirauté à raifon de fes induës pourfuittes au Confeil, avec dépens d'une part ; & le Seigneur Evê-que défendeur d'autre ; & entre le Seigneur Evêque fuppliant par Requête de joint du 24. Avril fuivant, à ce qu'il plaife à la Cour vuidant le renvoy fait par l'Arrêt du Confeil, fans avoir égard aux Lettres impetrées par feu M^e. Pouget les 29. Avril 1719. & 17. Juillet 1723. non plus qu'à l'Exploit d'affignation dudit M^e. Pouget fon fils, du 24. Novembre 1736. donné en notredite Cour en vertu dudit Arrêt du Con-feil en Requête de joint du 28. Mars 1737. & du tout le deboutant tant par fin de non valoir, que de non recevoir, que par toutes les autres voyes & moyens de droit ; & faifant droit fur les Requêtes prefentées au Confeil, tant par feu M. l'Evêque de Feuquieres, que par le Suppliant, renvoyées en notredite Cour, main-tenir & garder les Officiers du Suppliant de la Ville de CETTE, dans leur Droit & Poffeffion immemoriale où ils font & ont toûjours été, d'avoir leur Banc dans l'endroit le plus honorable de la Nef de l'Eglife Paroif-fiale de CETTE, au côté droit près le Chœur, avec in-hibition & défenfe audit M^e. Pouget & autres Officiers de l'Amirauté de le faire ôter ni reculer, & d'en placer aucun pour eux devant celui des Officiers du Suppliant, à peine d'en être ôté, de quinze cens livres d'amende,

& de tous dépens , dommages & intérêts , & d'en être enquis ; comme auffi maintenir les Officiers du Suppliant au Droit & Poffeffion immemoriale où ils font & ont toûjours été de précéder les Officiers de l'Amirauté tant dans l'Eglife , que dans toutes les autres Affemblées & Cérémonies publiques dans la Ville & Jurifdiction de CETTE , avec inhibitions & défenfes auxdits Officiers de l'Amirauté de les précéder ni prendre Rang & Séance auparavant eux , à peine de quinze cens livres d'amende , & de tous dépens , dommages & intérêts , & d'en être enquis , & condamner tant ledit Mᵉ. Pouget , que fes prétendus adherans , folidairement en tous les dépens , dommages & intérêts envers le Suppliant , avec dépens d'une part , & ledit Mᵉ. Pouget défendeur & fuppliant par Requête de joint du 3. Juin dernier , à ce qu'il plaife à notredite Cour rejetter du procès les prétendues atteftations du Chapitre de Narbonne & des Confuls de la même Ville des 2. & 3. Octobre 1725. cottées TT. & VV. Guilhot ; le prétendu Certificat du Notaire ou Greffier d'Aiguesmortes du premier Novembre 1725. cotté XX. Guilhot ; le prétendu Certificat du Chapitre d'Agde du 14. Novembre 1725. cotté YY. Guilhot , les prétendues Atteftations du Juge Banneret & des Confuls de Serignan , du 19. Septembre 1729. cottées ZZ. &&. Guilhot , le prétendu Certificat des Echevins de la Ville d'Honfleur , du 11. Janvier 1725. cotté B. B. B. Guilhot , la prétendue Lettre miffive des Confuls du Confulat des Martigues , du 30. Août 1724. cotté C. C. C. Guilhot , le tout remis en la production dudit Sieur Evêque , en notredite Cour , comme pièces privées , extra-

judiciaires , informes , suspectes , indignes de foi , &
inutiles ; & sans y avoir égard , non plus qu'aux Requêtes dudit Sieur Evêque d'Agde , ses précédentes fins
& conclusions lui soient adjugées avec dépens d'une
part ; & ledit Sieur Evêque , Défendeur d'autres : Ouïs,
Guilhemette pour ledit Me. Pouget , Guilhot pour ledit Seigneur Evêque d'Agde ; ensemble , Saget pour notre Procureur Général : notredite Cour vuidant le ren-
voi à elle fait par l'Arrêt du Conseil du 17. Septembre
1736. & faisant droit sur toutes les Demandes , Fins ,
& Conclusions des Parties & Cause renvoyée en Jugement, déclarant le Défaut levé contre les Maire & Consuls de CETTE , bien & dûement poursuivi & entretenu ,
adjugeant l'utilité d'icelui , sans avoir égard aux fins de
non valoir & de non recevoir , proposées par la Partie de
Guilhot , dont elle l'a démis & démet , a maintenu &
maintient diffinitivement celle de Guilhemette en la qualité que procéde , ensemble les autres Officiers de l'Amirauté au Siége de MONTPELLIER & CETTE , au droit
d'avoir Rang & Séance dans la Ville de CETTE , dans
toutes les Assemblées & Cérémonies publiques & par-
ticuliéres , autres que celles toutesfois concernant la Police, & les affaires du Corps de Ville , avant les Officiers de la Justice de la Partie de Guilhot , & avant les
Maire & Consuls du lieu : Ordonne que le Banc des
Officiers de l'Amirauté sera remis & placé dans la Nef
de l'Eglise Paroissiale dudit CETTE , au côté droit près
où l'on monte au Chœur de ladite Eglise d'où il fut
déplacé ; auquel effet ordonne notredite Cour , que les
Officiers de la Partie de Guilhot , & les Maire & Consuls dudit CETTE , céderont la place dans huitaine après

la signification du présent Arrêt, aux Officiers de l'A-
mirauté. Autrement, permet notredite Cour à la Partie de Guilhemette & autres Officiers de l'Amirauté, de
faire ôter le Banc des Officiers de ladite Partie de Guilhot & des Maire & Consuls dudit CETTE de ladite
place à leurs frais & dépens, & d'y faire placer celui des
Officiers de l'Amirauté, sauf aux Officiers de ladite
Partie de Guilhot, & Maire & Consuls de CETTE,
de mettre & placer leur Banc au-dessous, & en une place
inférieure : faisant défenses, tant à ladite Partie de Guilhot, à ses Juges, Maire & Consuls, de à ce donner aucun trouble aux Officiers de l'Amirauté, à peine de
cinq cens livres d'amende, & d'en être enquis ; & moyen-
nant ce, sur les Demandes en rejection, dommages &
intérêts, respectivement demandés par les Parties, autres demandes, fins & conclusions d'icelles, les a mises
hors de Cour & de Procès : condamne néanmoins la Partie de Guilhot aux dépens la concernant, envers celle de
Guilhemette & lesdits Maire & Consuls de CETTE,
défaillans, aux dépens aussi les concernant, la taxe réser-
vée. A CES CAUSES, à la réquisition dudit M. Pouget,
Nous te mandons & commandons, bien & dûement
intimer & signifier le présent Arrêt selon sa forme &
teneur ; auquel effet, faire pour l'entiére exécution d'i-
celui tous exploits requis & nécessaires : ce faisant, con-
traints par toutes voies dûes & raisonnables, le Seigneur
Evêque d'Agde, ensemble les Maire & Consuls dudit
CETTE, défaillants, à payer & rembourser incontinent,
& sans délai, audit Me. Pouget ou à son certain mande-
ment, la somme de trente-neuf livres six sols, à laquelle
reviennent les frais de l'Expédition & Sceau du présent

sent Arrêt. Donne' à Toulouse en notre Parlement, le vingt-neuviéme jour du mois d'Avril , l'an de grace 1738. & de notre Regne le vingt-troisiéme; Par la Cour, Carbon *signé, collationné,* J. Serres *signé , collationné* Carriere *signé , scellé* le 30. Avril 1738. Carbon, *signé.*

B

AUTRE ARREST

DU PARLEMENT

DE TOULOUSE,

Qui démet les Maire & Consuls de CETTE, *de l'oppo-sition qu'ils avoient formée au précédent Arrêt du vingt-neuviéme Avril mil sept cent trente-huit, con-cernant le Droit de Préséance des Officiers de l'Ami-rauté, & en ordonne l'exécution.*

Du 21. Mars 1739.

LOUIS, PAR LA GRACE DE DIEU, Roy de France & de Navarre, au premier notre Huissier ou Sergent sur ce requis, comme en l'Instance pendante en notre Cour de Parlement de Toulouse, En-tre les Maire, Consuls & Communauté de notre Ville de CETTE : Suppliant par Requête en Jugement du 6. Juin 1738. en cassation droit par ordre le Retracte-ment de l'Arrêt de notredite Cour du 21. Avril pré-cédent, suivant les moyens qui seront par eux libelles, avec inhibition & défenses à Me. André-François Pou-get, notre Conseiller, Lieutenant de l'Amirauté de notredite Ville, & tous autres qu'il appartiendra, de le mettre à exécution, & de rien faire ni attenter en vertu d'icelui, à peine de mille livres d'amende, nul-lité & cassation, & de tous dépens, dommages & inté-

rêts, avec dépens d'une part , & ledit M^e. Pouget in-
timé avec dépens d'une part , & ledit M^e. Pouget in-
timé tant en sa personne, qu'au domicile de M^e. Guil-
lemete son Procureur en notredite Cour, d'autre : &
autrement suppliant par Requête de joint à la clau-
sion du 7. Août suivant à ce que sans avoir égard à la
Requête en retractement desdits Maire & Consuls,
envers l'Arrêt de notredite Cour du 21. Avril précédent, il plaise à notredite Cour le maintenir de plus
fort en la qualité que procede de Lieutenant Général
de l'Amirauté Civil & Criminel au Siége de CETTE
& MONTPELLIER, tant en son nom , qu'à celui des
autres Officiers dudit Siége, au droit d'avoir Rang &
Séance dans notre Ville de CETTE dans toutes les Assemblées & Cérémonies publiques & particulieres ; autres toutefois qu'à celle concernant la Police & affaires des Corps de Ville avant les Officiers municipaux ; & ordonner que le Banc des Officiers de l'A-
mirauté sera remis & placé à l'endroit le plus honorable de la Nef de l'Eglise Paroissiale, du côté où il a
été tiré par voye de fait, c'est-à-dire, au côté droit près
des degrés par où l'on monte au Chœur, & que les Officiers municipaux seront tenus de céder & rendre ladite Place ausdits Officiers de l'Amirauté ; auquel effet,
qu'ils feront ôter, huitaine après la signification du présent Arrêt, leur Banc de ladite place où il se trouve
actuellement ; faute dequoi, permettre au Suppliant &
aux autres Officiers de l'Amirauté, de faire ôter le Banc
des Officiers municipaux de ladite place à leurs frais
& dépens, & d'y faire placer le leur, sauf ausdits Officiers municipaux de mettre & placer leur Banc au-

B ij

deſſous & dans une place inférieure , & faire défenſes auxdits Maire & Conſuls & à tous autres , de troubler les Officiers de l'Amirauté en leur Droit , Rang , Séance , & prérogatives , à peine de trois mille livres d'amende , & d'en être enquis avec dépens d'une part , & leſdits Maire Conſuls & Communauté de CETTE , Défendeurs & Suppliants par Requête de joint du 15. Janvier dernier 1739. à ce que diſant de plus fort droit en leur retractement , il plaiſe à notredite Cour , les maintenir dans les droits , prérogatives , priviléges & préférences accordées aux Officiers municipaux par nos Édits & Déclarations & Arrêts de notre Conſeil ; auquel effet , les maintenir dans le droit de précéder dans toutes les actions & Cérémonies publiques & particulieres dans notre Ville & Territoire de CETTE , ledit Me. Pouget & les autres Officiers de l'Amirauté , comme auſſi dans le droit , poſſeſſion & uſage du Banc dans l'Egliſe de CETTE , à l'endroit où il ſe trouve maintenant placé , avec défenſes tant audit Me. Poujet , qu'aux autres Officiers de l'Amirauté & autres , de leur donner aucun trouble ni empêchement , à peine de mille livres d'amende , & d'en être enquis avec dépens d'une part , & ledit Me. Pouget Défendeur & Suppliant par deux Requêtes , joint la premiere du 16. Février dernier , à ce que faute par leſdits Maire & Conſuls d'avoir juſtifié du rachapt qu'ils prétendent avoir fait de la Mairie de CETTE , & qu'ils font ſervir de fondement à leur mauvaiſe prétention , les débouter de leur retractement , tant par fins de non-valoir , qu'autres voyes & moyens de droit , & la ſeconde du 27. dudit mois de Février dernier , à ce qu'en procédant au Jugement du

Procès, il plaife à notredite Cour, rejetter d'icelui les prétendus Certificats ou Lettres remis par lefdits Maire & Confuls fous cotte T. Sarremejeanne comme pièces mandiées, extrajudiciaires, indignes de foy, & par toutes autres voyes & moyens de droit avec dépens d'une part, & lefdits Maire & Confuls Défendeurs d'autre. Vû par notredite Cour le Procès plaidé du 29. Juillet 1738. lefdites Requêtes & Ordonnances d'en Jugement & de joint, Arrêt de notredite Cour du 21. Avril 1738. dont le retractement eft demandé par lefdits Maire & Confuls; Arrêts de claufion fur ledit Arrêt du 15. May 1737. Arrêt de notre Confeil du 17. Septembre 1736. avec la commiffion prife fur icelui, qui renvoye la Caufe & Parties en notredite Cour, Production & Pièces y mentionnées dudit M^e. Pouget, fur laquelle ledit Arrêt dudit jour vingt-uniéme Avril 1738. a été rendu, & dont le rétractement eft demandé, lefdits dix Lettres ou Certificats remis par lefdits Maire & Confuls dont la rejection eft demandée par ledit de Poujet fous Cotte-Lettre T. Sarremejeanne; Arrêt de notre Confeil du 30. Septembre 1673. pour la formation de notre Ville de CETTE; Edit du mois d'Avril 1731. portant Création des Siéges d'Amirauté; autre Edit qui fupprime le Siége de l'Amirauté établi à Touloufe, du mois de Février 1692. Extrait des Provifions dudit Office de Lieutenant Général de l'Amirauté de CETTE, en faveur du feu Sieur François de Pouget du 27. Octobre 1692. Extrait d'Arrêt de notre Confeil, portant Réglement général pour les Fonctions, Rang & Séance des Maire & Confuls du 5. Décembre 1693. Extrait d'Arrêt de notredite Cour du 8. Août 1698. qui permet aux

(14)

Officiers de l'Amirauté de CETTE, de faire placer un Banc dans l'Eglise de ladite Ville; Autre Extrait d'Arrêt de notre Conseil, qui adjuge la préséance au Lieutenant de l'Amirauté de Marennes sur les Maire & Consuls du 16. Novembre 1699. Autre Extrait d'Arrêt de notre Conseil du 9. Juin 1703. Extrait d'Arrêt de notredite Cour du 6. May 1704. qui ordonne que par provision le Banc des Officiers de l'Amirauté de CETTE sera employé dans l'Eglise de notredite Ville; Edit de création desdits Maire & Consuls du 19. May 1707. Autre Edit du mois de May 1711. avec l'Arrêt du Registre du 26. Septembre suivant; Edit du Roy qui unit les Offices y mentionnés qui n'ont pas été levés, au Corps des Officiers dans les Siéges des Amirautés du mois de Janvier 1713. avec l'Arrêt de Registre du 21. Juillet suivant; Edit du Roy du mois de Novembre 1718. portant rétablissement des Officiers de Maire en Languedoc, avec l'Arrêt du Registre du 7. Décembre suivant; Extrait d'Arrêt de notre Conseil d'Etat, qui maintient les Consuls d'Agde, & ceux des autres Communautés de la Province, qui ont remboursé les Offices de Maire, dans le droit de présider aux Assemblées de Ville, & de jouir des Priviléges attribués ausdits Offices du 4. Septembre 1731. autre Edit du Roy, donné au mois de Septembre 1733. portant Rétablissement des Offices de Gouverneurs, Maire, Lieutenans de Maire, & autres Offices des Hôtels de Ville, avec l'Arrêt de Registre du 23. Janvier 1734. & enfin autre Arrêt de notre Conseil d'Etat, portant Réglement pour la Vente des Offices municipaux créés & rétablis par Edit du mois de Novembre 1733. du 29.

Décembre 1733. dire par Écrit, Factums, Réponſes, Répliques & autres Pièces énoncées dans les Productions & continuation deſdites Parties, enſemble les Concluſions de notre Procureur Général : PAR SON ARREST prononcé le 21. Mars 1739. a rejetté & rejette du Procès les Certificats & Lettres remiſes par leſdits Maire, Conſuls & Communauté de CETTE, dans leur continuation de production ſous cotte Lettre T. Sarremejeanne, faiſant droit diffinitivement ſur les demandes, fins, & concluſions des Parties, ſans avoir égard au rétractement demandé par leſdits Maire, Conſuls & Communauté envers ſon précédent Arrêt du 21. Avril 1738. dont les a démis & démet, ordonne que le ſuſdit Arrêt ſortira ſon plein & entier effet, & ſera exécuté ſelon ſa forme & teneur ; ce faiſant a maintenu & maintient ledit Pouget en la qualité de Conſeiller & Lieutenant Général de l'Amirauté, Civil & Criminel au Siége de CETTE ; enſemble les autres Officiers du Siége au droit d'avoir Rang & Séance dans l'Egliſe de CETTE, dans toutes les Aſſemblées & Cérémonies publiques & particulieres, autres toutefois que celles qui ſeront tenues concernant la Police & affaires du Corps de Ville avant les Officiers municipaux : & en conſéquence, ordonne notredite Cour, que le Banc des Officiers de l'Amirauté, ſera remis & placé à l'endroit le plus honorable de la Nef de l'Egliſe Paroiſſiale dudit CETTE, & au côté droit près des degrés par où l'on monte au Chœur ; auquel effet, ordonne que les Officiers municipaux ſeront tenus de céder & rendre la place libre pour le remplacement du Banc des Officiers de ladite Amirauté, dans huitaine après la ſignification du préſent Arrêt, paſſé lequel délai notre dite Cour a permis & permet audit Pouget & Officiers dudit Siége de l'Amirauté, de faire ôter le Banc defdits Officiers municipaux aux frais & dépens defdits Maire, Confuls & Communauté, & d'y faire placer leur Banc, fauf aufdits Officiers municipaux de faire placer leur Banc au-deffous & dans une place inférieure ; faifant notredite Cour inhibition & défenfes aufdits Maire, Confuls, & à tous autres qu'il appartiendra de donner audit Pouget & autres Officiers de ladite Amirauté en la jouiffance defdits Droits, Rang, Séances & Prérogatives, aucun trouble ni empêchement, à peine de trois mille livres d'amende & des contraventions enquis pardevant le Premier notre Magiftrat requis fur les lieux ; condamne lefdits Maire, Confuls & Communauté aux dépens de l'Inftance envers ledit Pouget, la taxe d'iceux demeurant réfervée. Nous, A CES CAUSES, à la Requête & fupplication dudit Pouget, te Mandons & Commandons mettre ce préfent Arrêt à dûe & entiere exécution, fuivant fa forme & teneur ; auquel effet faire tous Exploits requis & néceffaires ; & en cas de contravention, Commettons & députons le premier notre Magiftrat pour enquerir & informer, pour l'information faite & rapportée, être ordonné ce qu'il appartiendra : en outre, Commandons au fufdit Huiffier, contraindre lefdits Maire, Confuls, & Communauté à payer audit Pouget la fomme de fix cens vingt-une livres quatre fols fix déniers, tant pour le rapport des Conclufions, Vérifications, rapport intervenus au préfent Arrêt, que frais de l'Expédition & Sceau d'icelui : Mandons en outre à tous nos autres Officiers & Sujets, ce faifant obéir. DONNE' à Touloufe

loufe en notredit Parlement le vingt-troifiéme jour
de Mars , l'an de grace mil fept cent trente-neuf ,
& de notre Regne le vingt-quatriéme. Par la Cour ,
figné Fraiffé, collationné , *figné* J. Serres , collationné Lavedan, *figné* fcellé le 25. Mars 1739. Fraiffé
figné.

De l'Imprimerie de JEAN-BAPTISTE COIGNARD ,
Imprimeur du Roy , & de S. A. S. Monfeigneur
le Duc de Penthiévre. 1740.